Impressum
Verlag: BABADADA GmbH, Nedderfeld 112 , 22529 Hamburg
Geschäftsführer / Verlagsleitung: Harald Hof
Druck: Books on Demand GmbH, In de Tarpen 42, 22848 Norderstedt

Imprint
Publisher: BABADADA GmbH, Nedderfeld 112 , 22529 Hamburg, Germany
Managing Director / Publishing direction: Harald Hof
Print: Books on Demand GmbH, In de Tarpen 42, 22848 Norderstedt, Germany

បន្ទប់រៀន
luokkahuone

ចកៃ
jakaa

186/2

ក្ដារ
taulu

គ្រូបង្រៀន
opettaja

ទីធ្លាសាលារៀ
koulunpiha

ក្រដាស
paperi

សរសេរ
kirjoittaa

ប៊ិក
kynä

តុការិយាល័យ
kirjoituspöytä

បន្ទាត់
viivoitin

សៀវភៅ
kirja

កូនសិ
oppilas

សម្ផផរៀតសុបកៃ

reppu

ប្រអប់ដាក់ខ្មៅៅៅដៃ

penaali

ខ្មៅៅៅដៃ

lyijykynä

ប្រដាប់ខ្វៅងខ្មៅៅៅដៃ

kynänteroitin

ជ័រលុប

pyyhekumi

វចនានុក្រមរូបភាព

kuvasanakirja

ផ្ទាំងគំនូរ

piirustuslehtiö

គំនូរ

piirustus

ជក់គូរ

pensseli

បុរអប់ថ្នាំនាំឡាប

vesivärit

កន្ត្រៃ

sakset

ការបិទ

liima

សៀវភៅលំហាត់

harjoituskirja

កិច្ចការផ្ទះ

kotitehtävä

12

លេខ

luku

2+2

បូក

lisätä

5−2

ដក

vähentää

2✕2

គុណ

kertoa

គណនា

laskea

A

លិខិត

kirjain

ABCDEFG HIJKLMN OPQRSTU VWXYZ

អក្សរក្រម

aakkoset

ពាក្យ

sana

អត្ថបទ

teksti

អាន

lukea

ដីស

liitu

មេរៀន

oppitunti

ចុះឈ្មោះ

opettajan muistikirja

ការបូរលេង

koe

វិញ្ញាបនបត្រ

todistus

ឯកសណ្ឋានសាលា

koulupuku

ការអប់រំ

koulutus

សព្វវចនាធិប្បាយ

sanakirja

សាកលវិទ្យាល័យ

yliopisto

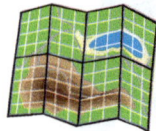

មីក្រូទស្សន៍

mikroskooppi

ផែនទី

kartta

កន្ត្រករដាក់សំរាមក្រដាស

roskakori

សណ្ឋាគារ
hotelli

សណ្ឋាគារកុមង
retkeilymaja

ការប្រាល់យប្តូរប្រាក់
rahanvaihto

វិល្លី
matkalaukku

រថយន្ដ
auto

ភាសា

kieli

ហាទ / ទេ

kyllä / ei

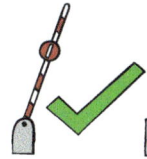

យល់ព្រម

selvä

សាយ៉ន្តស្វស្តី!

hei

អ្នកបកប្រែ

tulkki

សូមអរគុណ

kiitos

ចូលប៉ុន្មាន... ?

Paljonko...maksaa?

ខ្ញុំមិនយល់

en ymmärrä

បញ្ហា

ongelma

ទិវាសួស្តី!

Hyvää iltaa!

អរុណសួស្តី

Hyvää huomenta!

រាត្រីសួស្តី!

Hyvää yötä!

លាហើយ

näkemiin

ទិសដៅ

suunta

អីវ៉ាន់

matkatavarat

កាបូប

laukku

កាបូបស្ពាយក្រោយ

reppu

ភ្ញៀវ

vieras

បន្ទប់

huone

ថង់ដេក

makuupussi

តង់

teltta

ព័ត៌មានទេសចរណ៍

turisti-info

ឆ្នេរ

ranta

កាតឥណទាន

luottokortti

អាហារពេលព្រឹក

aamupala

អាហារថ្ងៃត្រង់

lounas

អាហារពេលល្ងាច

päivällinen

សំបុត្រ

matkalippu

ជណ្ដើរយោន្ត

hissi

តែម

postimerkki

ព្រំដែន

raja

គយ

tulli

ស្ថានទូត

suurlähetystö

ទិដ្ឋាការ

viisumi

លិខិតឆ្លងដែន

passi

យន្តហោះ
lentokone

កប៉ាល់
laiva

ម៉ាស៊ីនភ្លុបភ្លើង
paloauto

រថយន្តដឹកទំនិញ
kuorma-auto

រថយន្តដឹក
linja-auto

កាណូត
moottorivene

ជិះកង់
polkupyörä

រថយន្តជំ
auto

សាឡាង
lautta

ទូក
vene

ម៉ូតូ
moottoripyörä

រថយន្តប៉ូលិស
poliisiauto

រថយន្តបុរណាំង
kilpa-auto

រថយន្តជួល
vuokra-auto

ការចែករំលែករថយន្ត

car sharing

ឡ្មានសូទ្ទូច

hinausauto

ឡ្មានបរម្មលសំរាម

roska-auto

ម៉ូត្ម

moottori

បរេងឥន្ធន:

bensa

សុ្ចានីយបរេង

huoltoasema

ប្ធលាកសញ្ញាចរាចរណ៍

liikennemerkki

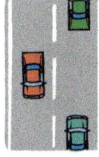

ការធ្មុរវេ៉ើចាចរណ៍

liikenne

កកស្ទុះ:ចរាចរណ៍

ruuhka

ចំណត

parkkipaikka

សុ្ចានីយរថភ្មុលេ៉ើង

rautatieasema

ផ្ល្មុវដៃកៃ

raiteet

រថភ្មុលេ៉ើង

juna

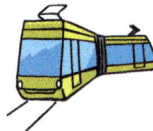

រថអគ្គឺសនី

raitiovaunu

ទូររថភ្មុលេ៉ើង

vaunu

ឧទ្ធម្ភាគចក្រ

helikopteri

ពុរលានយន្តហោះ

lentokenttä

ប៉ម

lähilennonjohto

អ្នកដំណើរ

matkustaja

កុងតឺន័រ

kontti

កុរដាសកាតុង

pahvi

រទេះ

kärryt

កញ្ចប់

kori

ហោះឡ្បេឡ្បើង / ចុះ

nousta / laskea

ទីក្រុង

kaupunki

ភូមិ

kylä

កណ្តាលទីក្រុង

keskusta

ផ្ទះ

talo

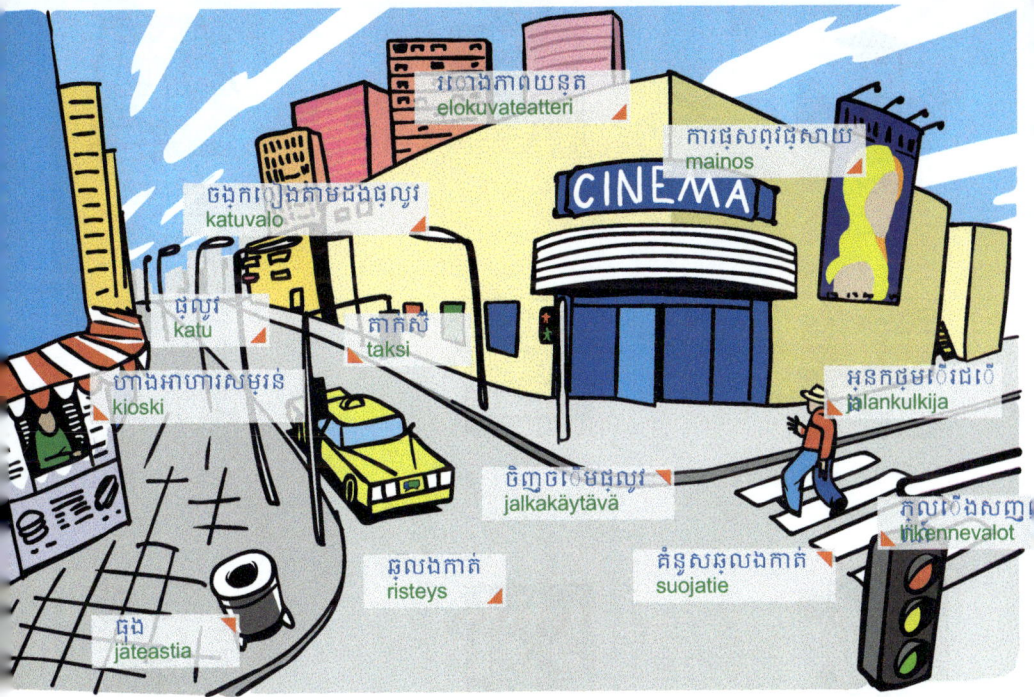

អ្នាងភាពយន្ត
elokuvateatteri

ការផ្សព្វផ្សាយ
mainos

ចង្កឿងក្បៀងតាមដងផ្លូវ
katuvalo

ផ្លូវ
katu

តាក់ស៊ី
taksi

ហាងអាហារសមរន័
kioski

ចិញ្ចើមមេដងផ្លូវ
jalkakäytävä

អ្នកឆ្លងវ៉ីរផេវ៉ី
jalankulkija

ចុលងភាគ
risteys

គំនូសឆ្លងភាគ
suojatie

ភ្លើងសញ្ញា
liikennevalot

ធុង
jäteastia

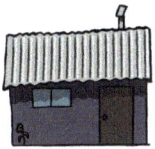

ខ្ទម

mökki

ផ្ទះល្វែង

asunto

ស្ថានីយរថភ្លើង

rautatieasema

សាលាក្រុង

kaupungintalo

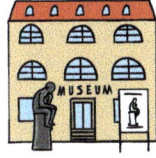

សារមន្ទីរ

museo

សាលារៀន

koulu

សាកលវិទ្យាល័យ
yliopisto

ធនាគារ
pankki

មន្ទីរពេទ្យ
sairaala

សណ្ឋាគារ
hotelli

ឱសថស្ថាន
apteekki

ការិយាល័យ
toimisto

ហាងលក់សៀវភៅ
kirjakauppa

ហាង
liike

ហាងផ្កា
kukkakauppa

ផ្សារទំនើប
supermarketti

ទីផ្សារ
tori

ហាងទំនិញ
tavaratalo

ហាងលក់ត្រី
kalakauppias

មជ្ឈមណ្ឌលផ្សារទំនើប
ostoskeskus

កំពង់ផែ
satama

ឧទ្យាន

puisto

បង្គោល

penkki

ស្ពាន

silta

ជណ្ដើរវៃរ

portaat

ផ្លូវក្រោមដី

metro

ផ្លូវរូងក្រោមដី

tunneli

ចំណតរថយន្តដឹកក្រុង

linja-autopysäkki

ហារ

baari

ភោជនីយដ្ឋាន

ravintola

ប្រអប់សំបុត្រ

postilaatikko

សញ្ញាតាមដងផ្លូវ

katukyltti

ឧបករណ៍បូរមួលចូលចំណត

parkkimittari

សួនសត្វ

eläintarha

អាងហាលែទឹក

uimala

វិហារអ៊ីស្លាម

moskeija

កសិដ្ឋហាន

maatila

ការបំពុល

ympäristön saastuminen

វាលកប់ខ្មោចពោច

hautausmaa

ព្រះវិហារ

kirkko

គុររឿងរំអិលកុមេងលេង

leikkikenttä

បុរសាទ

temppeli

ទេសភាព

maisema

ជ្រលងភ្នំ

laakso

កូនភ្នំ

vuori

បឹង

järvi

ព្រៃឈើ

metsä

វាលខ្សាច់

aavikko

ភ្នំភ្លើង

tulivuori

គ្រោះរបី

linna

ឥន្ធនូ

sateenkaari

ផ្សិត

sieni

ដើមត្នោត

palmu

មូស

hyttynen

រុយ

kärpänen

សុរមោច

muurahainen

សត្វឃ្មុំ

mehiläinen

ពីងពាង

hämähäkki

សត្វកញ្ចចៃ

kovakuoriainen

កង្កែប

sammakko

កំប្រុក

orava

សត្វរកាំប្របម

siili

ទន្សាយសុលឹក

jänis

សត្វទីទុយ

pöllö

បក្សី

lintu

ហង្ស

joutsen

ជ្រូក

villisika

សត្វក្តាន់

peura

សត្វក្តជាន់

hirvi

ទំនប់

pato

កង្ហារខ្យល់

tuulimylly

បន្ទះស្ងេg្ផា

aurinkopaneeli

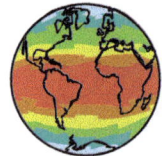

អាកាសធាតុ

ilmasto

អ្នករត់តុ
tarjoilija

ម៉ឺនុយ
ruokalista

កៅអី
tuoli

ស៊ុប
keitto

គីហ្សា
pitsa

កាំបិត
ruokailuvälineet

កម្រាលតុ
pöytäliina

អាហារសម្រន់

alkuruoka

អាហារសំខាន់

pääruoka

បង្អែម

jälkiruoka

ភេសជ្ជៈ

juomat

អាហារ

ruoka

ដប

pullo

អាហារហើស

pikaruoka

អាហារតាមផ្លូវ

katuruoka

ប៉ាន់តែ

teekannu

បូរអប់ស្ករ

sokeriastia

ចំណិតែ

annos

ម៉ាស៊ីនឆុងកាហ្វេអិចស្ព្រេ

espressokeitin

កៅអីខ្ពស់

syöttötuoli

វិក្កយបត្រ

lasku

ថាស

tarjotin

កាំបិត

veitsi

សម

haarukka

ស្លាបព្រា

lusikka

ស្លាបព្រាកាហ្វេ

teelusikka

កន្សែងជូតខ្លួន

servietti

កែវ

lasi

ចានទាប

lautanen

ចានស៊ីប

keittolautanen

ចានទុរនាប់

aluslautanen

ទឹកជ្រលក់

kastike

ដបអំបិល

suolasirotin

បុរដោប់កិនម្រេច

pippurimylly

ទឹកខ្មេះ

etikka

បុរេង

öljy

គ្រឿងទេស

mausteet

ទឹកប់ដេប់ៗោះ

ketsuppi

ម៉ូតាក

sinappi

ទឹកម្យ៉ោណេ

majoneesi

ការផ្គត់ផ្គង់ពិសេស
tarjous

អត្ថិថិជន
asiakas

ទឹកដំរៈគោ
maitotuotteet

ទូរៈរុញ
ostoskärryt

ផ្លែឈើ
hedelmät

FOR

ហាងកាប់ជ្រូក

teurastamo

ហាងដុតនំ

leipomo

ថ្លឹង

punnita

បន្លែវី

kasvikset

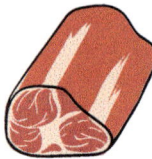

សាច់

liha

អាហារកុលាសុសរ

pakasteet

សាច់កុលាសរ

leikkele

អាហារកំប៉ុង

säilykkeet

មុសៅលោង

pesuaine

សុអរគុរាប់

makeiset

ផលិតផលកុនុងគួរសារ

kotitaloustarvikkeet

ផលិតផលសមុអាត

puhdistusaine

អុនកលក់

myyjä

ចតដាក់លុយ

kassa

បឡេា

kassanhoitaja

បញ្ជីទិញទំនិញ

ostoslista

ម៉ោងធុរវៅ៉ការ

aukioloajat

កាបូបលុយបុរស

lompakko

កាតឥណទាន

luottokortti

ថង់

kassi

ថង់បុលាស្ទិច

muovipussi

ទឹក

vesi

ទឹកផ្លែឈើ

mehu

ទឹកដោះគោ

maito

កូកាកូឡា

kokis

ស្រា

viini

ស្រាបៀរ

olut

គ្រឿងស្រវឹង

alkoholi

កាកាវ

kaakao

តែ

tee

កាហ្វេ

kahvi

កាហ្វេអិចស្បុរស្សូ

espresso

កាហ្វេកាពូឈីណូ

cappuccino

ចេក

banaani

ផ្លែប៉ោម

omena

ផ្លែក្រូច

appelsiini

ឪឡឹក

meloni

ក្រូចឆ្មា

sitruuna

ការ៉ុត

porkkana

ខ្ទឹម

valkosipuli

ឫស្សី

bambu

ខ្ទឹមហារាំង

sipuli

ផ្សិត

sieni

គ្រាប់ផ្លែឈើ

pähkinät

មី

makaroni

ម៉ីអ៊ីតាលី

spagetti

ហាយ

riisi

សាឡ្ងាត់

salaatti

ដំឡូងចៀន

ranskalaiset

ដំឡូងចៀន

paistetut perunat

ភីហ្គុសា

pitsa

ប៊ីហ្គុគី

hampurilainen

សាំងវិច

voileipä

សាច់ជាប់នុតអឹងជំនី

leike

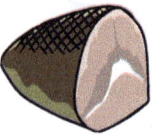

ហាំ

kinkku

សាឡ្ងាម៊ី

salami

សាច់ក្រូក

makkara

សាច់មាន់

kana

អាំង

paisti

គ្រី

kala

អាវ៉ែនបបរ

kaurahiutaleet

មុឃ្ញឺសុលី

mysli

ដំឡូងចំណិត

murot

មុសទៅ

jauho

នំគ្រួសង់

voisarvi

នំប៉័ងមុឃ្យាំងមួលក្តូចៗ

sämpylä

នំប៉័ង

leipä

អាំង

paahtoleipä

នំបីស្គី

keksit

បឺរ

voi

ទឹកដោះខាប់

rahka

នំខេក

kakku

ស៊ុត

muna

ស៊ុតចៀន

paistettu kananmuna

ឈីស

juusto

ការ៉េម

jäätelö

សុករ

sokeri

ទឹកឃ្មុំ

hunaja

ជំណាប់

hillo

ក្រមៃតាំងម៉ៃ

suklaapähkinälevite

ការី

curry

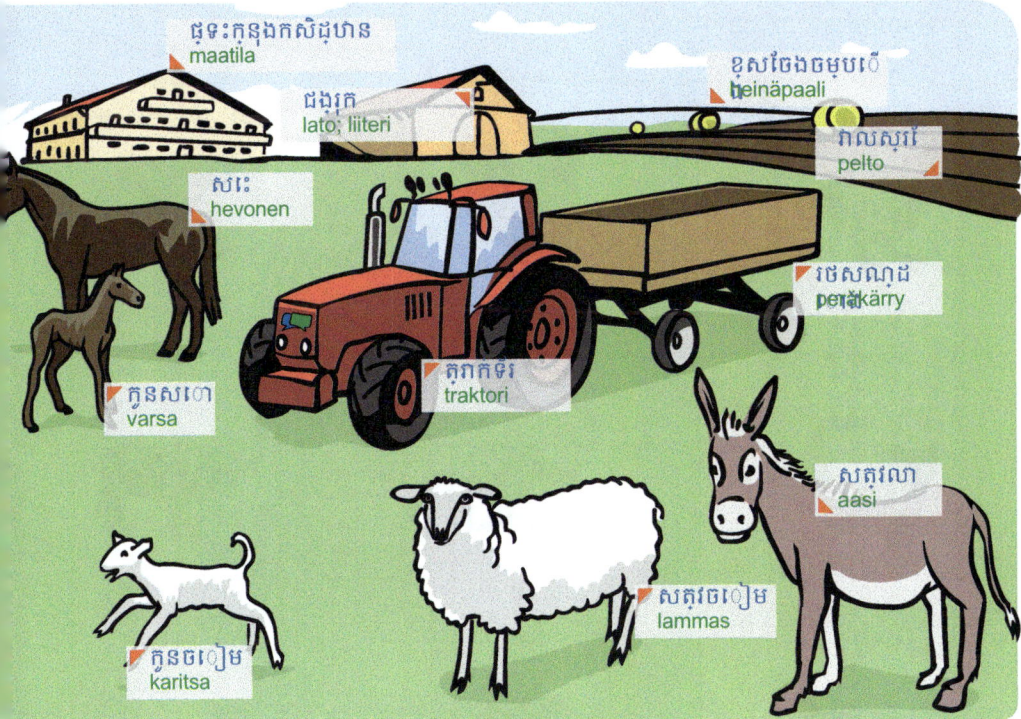

ផ្ទះក្នុងកសិដ្ឋហាន
maatila

ជង្រុក
lato; liiteri

ខ្សែចងចម្បបេរ៉ើ
heinäpaali

រាលស្រេរ៉ើ
pelto

សះ
hevonen

ចេសណ្ឌជ
peräkärry

កូនសរេហា
varsa

តុរាកទ័រ
traktori

សត្វលា
aasi

កូនចរៀម
karitsa

សត្វចរៀម
lammas

ពពែ
vuohi

គហាញ
lehmä

កូនគហា
vasikka

ជ្រូក
sika

កូនជ្រូក
porsas

គហាឈ្មមហាល
sonni

សត្វក្ងាន

hanhi

ទា

ankka

កូនមាន់

tipu

មមោន់

kana

មាន់ឈ្មោល

kukko

កណ្តុរ

rotta

ឆ្មា

kissa

កណ្តុរប្រមះ

hiiri

គោឈ្មោល

härkä

ឆ្កែ

koira

ផ្ទះឆ្កែ

koirankoppi

ទុយោទឹក

puutarhaletku

ធុងស្រោចទឹក

kastelukannu

ខូវែបក

viikate

នង្គ័ល

aura

កណ្ដៀវ
sirppi

ចបកាប់
kuokka

នោស់
talikko

ពូថៅ
kirves

រទេះរុញ
kottikärryt

ស្នូក
kaukalo

កំប៉ុងទឹកដោះគោ
maitokannu

ហារ
säkki

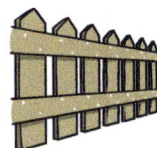

របង
aita

កុរោល
talli

ផ្ទះកញ្ចក់
kasvihuone

ដី
maa

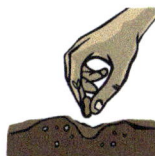

គ្រាប់ពូជ
siemen

ជី
lannoite

ម៉ាស៊ីនបុរមួលផល
leikkuupuimuri

បុរម្មួលផល

kerätä sato

ការបុរម្មួលផល

sato

ដំឡូងផ្លូក

jamssi

ស្រូវសាលី

vehnä

សណ្តែកកែសៀង

soija

ដំឡូងផ្លូក

peruna

ពោត

maissi

គុរាប់បុរងេ៉វៃ

rypsi

ដើមឈើហ្វូបផ្លូវៃ

hedelmäpuu

ដំឡូងមី

maniokki

ធញ្ញជាតិ

vilja

បំពង់ផ្សែង
savupiippu

ដំបូល
katto

ទុយបង្ហូរទឹក
sadevesikouru

បង្អួច
ikkuna

ហ្គារាស
autotalli

កណ្ដឹងទ្វា
ovikello

ទ្វារ
ovi

ធុងសំរាម
roskaämpäri

ប្រអប់សំបុត្រ
postilaatikko

សួនច្បារ
puutarha

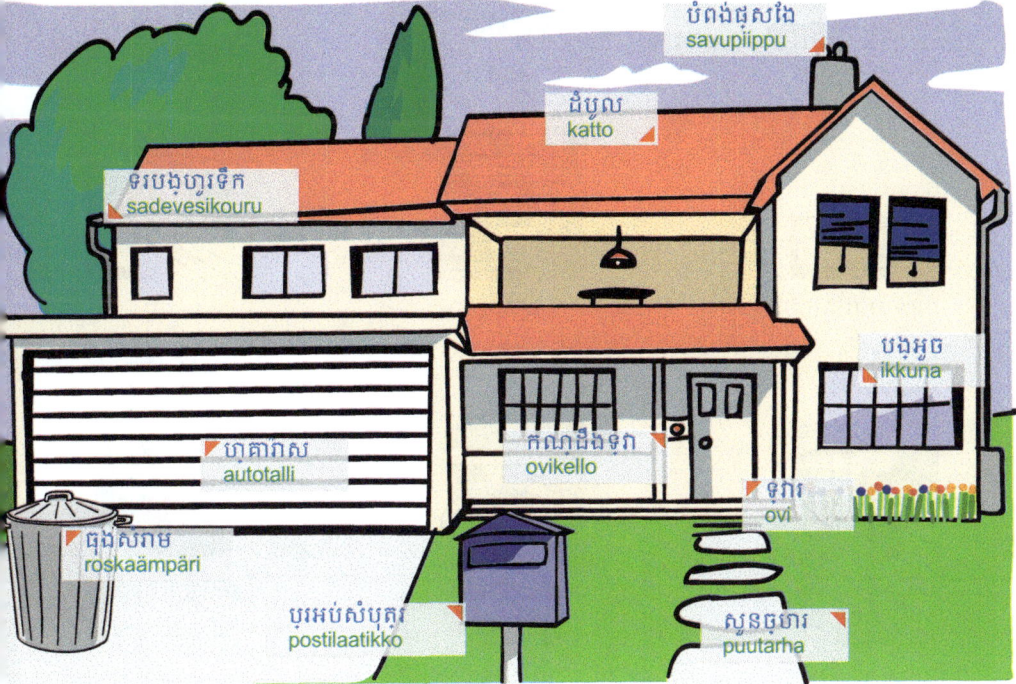

បន្ទប់ទទួលភ្ញៀវ
olohuone

បន្ទប់ទឹក
kylpyhuone

ផ្ទះបាយ
keittiö

បន្ទប់គេង
makuuhuone

បន្ទប់របស់កុមារ
lastenhuone

បន្ទប់ទទួលទានអាហារ
ruokahuone

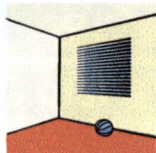

ជាន់
lattia

ជញ្ជាំង
seinä

ពិដាន
katto

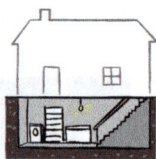

បន្ទប់ក្រោមដី
kellari

សូណា
sauna

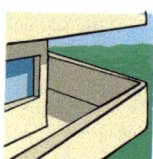

យ៉័រ
parveke

ផ្ទៃវាបសុមចេីនទៅជមុរាល ក្នន់
terassi

អាងហាលែទឹក
uima-allas

ម៉ាសីនកាត់សុមទៅ
ruohonleikkuri

សនុលឹក
vuodevaatteet

កម្រាលគ្រវដែកេ
sängynpeitto

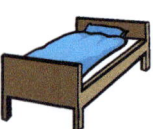

គ្រវ
sänky

អំបោស
harja

ធុង
ämpäri

កុងតាក់
katkaisin

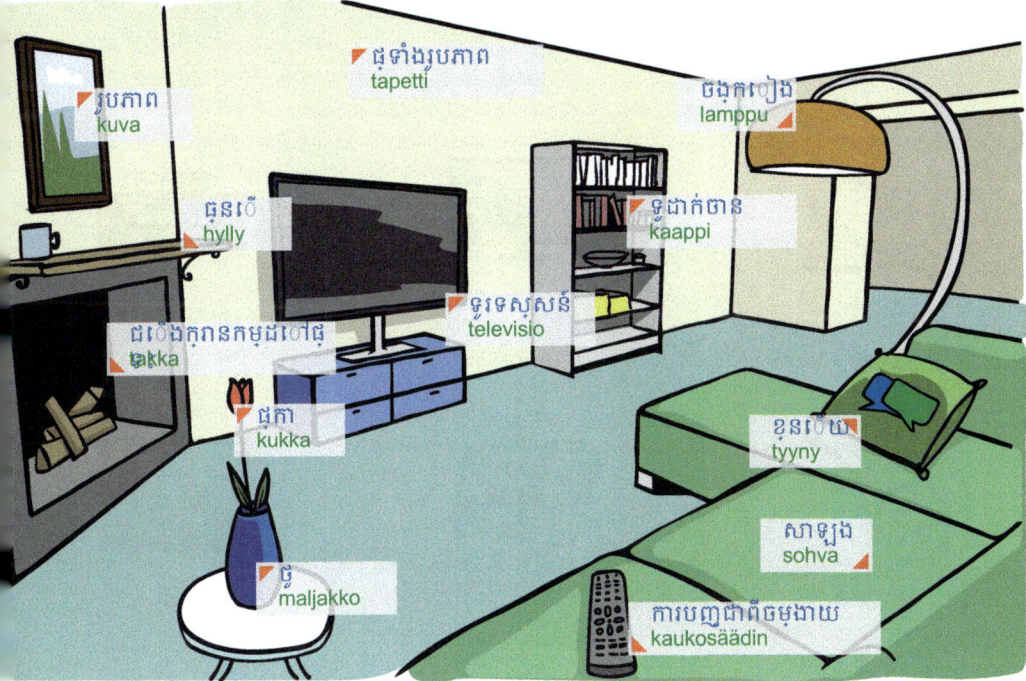

រូបភាព
kuva

ផ្ទាំងរូបភាព
tapetti

ចង្កៀង
lamppu

ធ្នើរវៃ
hylly

ទូដាក់ចាន
kaappi

ទូរទេស្សន៍
televisio

ជរវៃកូវានកម្ដៅផ្ទះ
takka

ផ្កា
kukka

ខ្នើយ
tyyny

សាឡុង
sohva

ថ្ម
maljakko

ការបញ្ជាពីចម្ងាយ
kaukosäädin

កម្រាលព្រំ	វាំងនន	តុ
matto	verho	pöytä

កៅអី	កៅអីហាក់ប់ៀក	កៅអីភ្នាក់ជវៃ
tuoli	keinutuoli	nojatuoli

សៀវភៅទៅ

kirja

ភួយ

peitto

ការតុបតែង

koristeet

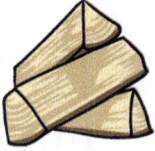

អុសដុត

polttopuut

ខ្សែភាពយន្ត

elokuva

ឧបករណ៍ Hi-Fi

stereot

កូនសោ

avain

កាសែត

sanomalehti

គំនូរ

maalaus

ផ្ទាំងរូបភាព

juliste

វិទ្យុ

radio

ណូតផតគេ

muistivihko

ម៉ាស៊ីនបូមធូលី

pölynimuri

ដំបងយក្ស

kaktus

ទៀន

kynttilä

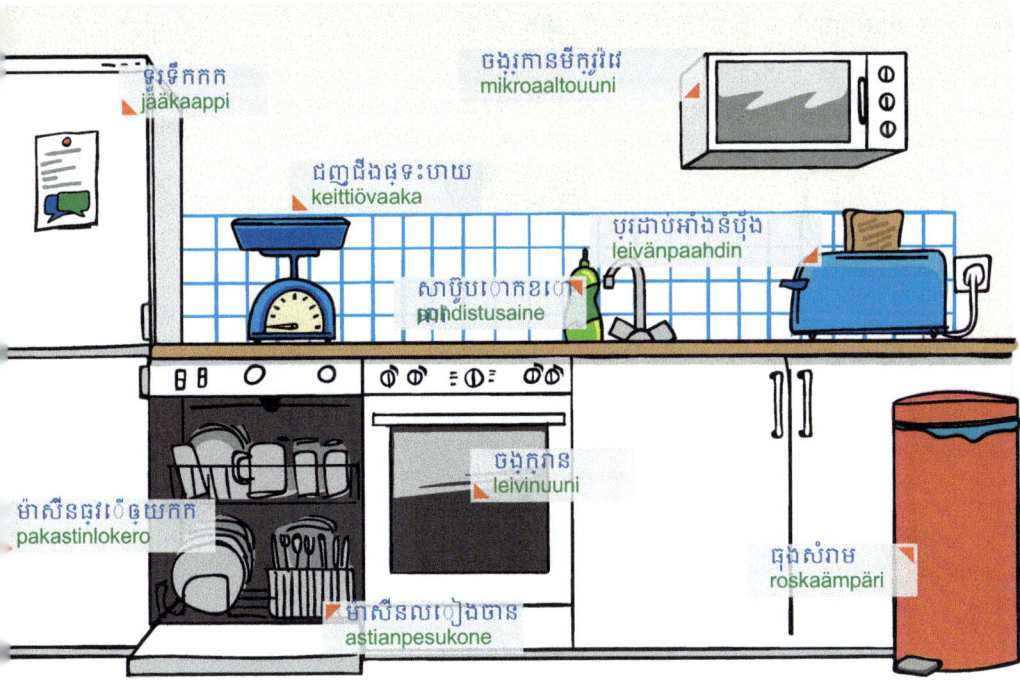

ទូរទឹកកក
jääkaappi

ចង្ក្រានមីក្រូវ៉េវ
mikroaaltouuni

ជញ្ជីងផ្ទះបាយ
keittiövaaka

បុ៉រដោប់អាំងនំប៉័ង
leivänpaahdin

សាប៊ូលោកខ្លោ
pahdistusaine

ចង្ក្រាន
leivinuuni

ម៉ាស៊ីនធុរេ្រីចុៃយកកក
pakastinlokero

ធុងសំរាម
roskaämpäri

ម៉ាស៊ីនលរៀ្បងចាន
astianpesukone

ចង្ក្រាន
liesi

ឆ្នាំង
kattila

ឆ្នាំងដៃកែ
rautapata

ខ្ទះ / ខ្ទះផ្ណុខា
kkipannu / kadai-pannu

ខ្ទះ
paistinpannu

កំសរៀ្បរ
vedenkeitin

ឆ្នាំងចំហុយ

höyrykeitin

ថាសដុតនំ

uunipelti

គុររៀងចានឆ្នាំងដី

astiat

ថ្វី

muki

ចានគពោម

kulho

ចង្កឹះ

syömäpuikot

វែកសមុល

kauha

វែកកូរ

paistinlasta

ប្រដាប់វាយកូរឡេក

vispilä

តម្រង

siivilä

កន្ធុតូរង

siivilä

ប្រដាប់កពោសដូង

raastin

តូហាល់

mortteli

ការអាំងសាច់

grilli

ចង្ក្រានកានចំហ

avotuli

ជុរញ្ញ
leikkuulauta

បុរដាប់កិនម្សៅ
kaulin

បុរដាប់ម្សៅបេ៏កឆ្នុកសួរា
korkinavaaja

កំប៉ុង
purkki

បុរដាប់បេ៏កកំប៉ុង
purkinavaaja

កុរណាត់ទុរប់ឆ្នាំង
pannulappu

កនុលដែលាងចាន
lavuaari

ជក់
tiskiharja

អប៉ុង
pesusieni

ម៉ាសីនកុរឡេក
tehosekoitin

ទូទឹកកកខ្នាតគ្ងូច
pakastin

ដបទឹកដពោះគពោ
tuttipullo

រ៉ូបីណេ
vesihana

kylpyhuone

កម្ដៅរៅ
lämmitys

ផ្កាឈូក
suihku

កន្សែង
pyyhe

វាំងននងទឹកទឹកផ្កាឈូក
suihkuverho

ការងូតទឹកពហ:
vaahtokylpy

អាងងូតទឹក
kylpyamme

ម៉ាស៊ីនបោកគក់
pesukone

កូរឡៅកុបរៀង
kaakeli

កែវ
lasi

រូបីណា
vesihana

ចានបង្គន់
potta

កន្លសឆៃលាងចា
vuaari

បង្គន់
vessa

បង្គន់អង្គុយ
kyykkyvessa

ផ្លេងជម្រះកាយ
bidee

កុលាំទឹកនរោម
pisuaari

កូរដោសបង្គន់
vessapaperi

ចុរសដុសបង្គន់ន
vessaharja

ចុរសដុសធ្មេញ

hammasharja

ថ្នាំដុសធ្មេញ

hammastahna

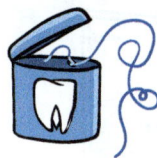

ខ្សែទោកសម្អាតធ្មេញ

hammaslanka

លាង

pestä

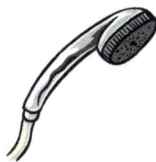

ប្រដាប់ដាក់ដផ្កាឈូក

käsisuihku

ទឹកថ្នាំសម្រាប់ហាញ់លាង

intiimisuihku

អាង

pesuvati

ចុរសដុសខ្លួន

selkäharja

សាប៊ូ

saippua

ឡសម្រាប់ងូតទឹកផ្កាឈូ
ក

suihkugeeli

សាប៊ូ

shampoo

សកុលាត

pesulappu

បំពង់បង្ហូរទឹក

viemäri

ក្រម៉ែ

voide

ថ្នាំបំហត់ក្លិនអាក្រក់

deodorantti

កញ្ចក់

peili

កញ្ចក់ដៃ

käsipeili

បរដោប់កពារ

partaveitsi

ហ្វូមកពារពុកមាត់

partavaahto

ទឹកលាងកូរពោយកពារពុកម ៀតកំ្វេច

partåvesi

កុរស

kampa

ជក់

harja

បរដោប់សមុង្គតសក់

hiustenkuivaaja

សុពុរាយហាញ់សក់

hiuslakka

ការតុបតែងមុខ

meikki

កុរមែលាបមាត់

huulipuna

ថ្នាំលាបកុរចក

kynsilakka

រពាមកបុហាស

pumpuli

កន្តុរកៃាត់កុរចក

kynsisakset

ទឹកអបំ

hajuvesi

កាប៉ូបបពោកគក់
kosmetiikkalaukku

លាមក
jakkara

ជញ្ជីងថ្លឹងទម្ងន់
vaaka

អាវពាក់ងូតទឹក
kylpytakki

ស្រោមដៃពៅស្ទ្បី
kumihansikkaat

ឆ្នុក
tamponi

កន្សែងអនាម័យ
terveysside

បង្គន់គីមី
kemiallinen wc

នាឡិការរោទ៍
herätyskello

បុរដោបកុមឯងរោបលឯង
pehmolelu

រថយន្តកុមឯងលេងឯ
leikkiauto

បុរដោប់អង្គុយន៍លឯង
helistin

ផ្ទះកូនកូរម៉ុងជ័រ
nukkekoti

អំណោយ
lahja

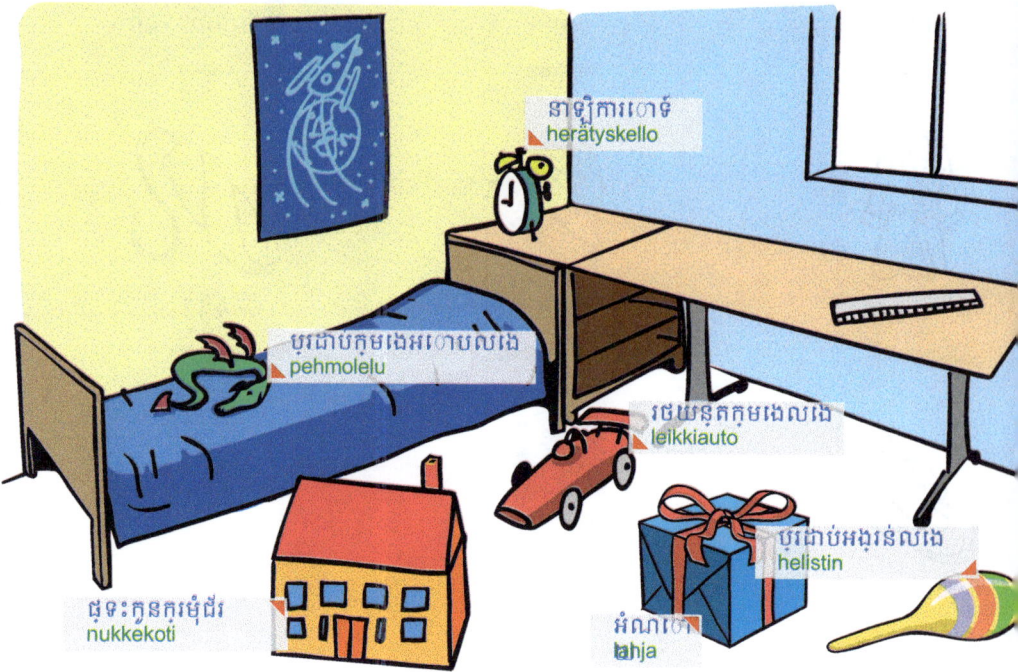

ប៉ោងប៉ោង
ilmapallo

គ្រែ
sänky

ទេះរុញទារក
lastenvaunut

ហ្គេមបៀ
korttipeli

រូបផ្គុំ
palapeli

កំប្បុលផ្ទៃ
sarjakuva

ឥដ្ឋប្លុក Lego

legopalikat

បុល្កបូរដាប់កុមដែលង

rakennuspalikat

តួលខេសកម្មភាព

supersankari

ខោអាវទារក

potkupuku

ការគប់ចាស

frisbee

ទូរស័ព្ទឥវៃ

mobile

កុតារល្បែងដៃ

lautapeli

តុរាប់ឡ្យកឡ្បាក់

noppa

ឈុតរថភ្លលើងគំរូ

pienoisjunarata

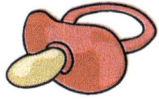

រូបសំណាក

tutti

គណាបកុស

bileet

សៀវភៅរូបភាព

kuvakirja

ហាល់

pallo

កូនកុរម៉ុតុក្កតា

nukke

លេង

leikkiä

របោងពៅខ្សាច់

hiekkalaatikko

ទ្រេង

keinu

ប្រដាប់កុមងេលងេ

lelu

កុងស្លរវីដអ្វើហ្គតមេ

pelikonsoli

គូរីចក្ររយានយន្ត

kolmipyörä

តុកក្កតាខ្លាយុម៉ុំ

nalle

ទូខ្លោអាវ

vaatekaappi

សម្លៀកបំពាក់

vaatteet

ស្របោមជ្រើង

sukat

ស្របោមជើងវែង

nylonsukat

ខ្លោទុនាប់នារី

sukkahousut

កន្សែង
kaulaliina

ឆត្រ
sateenvarjo

ខ្សែក្រវាត់
yö

អាវយឺត
t-paita

ស្បែកជើងកវី
saappaat

ស្បែកជើងពាក់ន
sisätossut

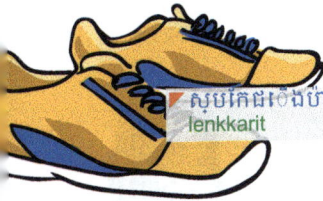

ស្បែកជើងហាតា
lenkkarit

ស្បែកជើងសង្រែក
sandaalit

ស្បែកជើង
kengät

ស្បែកជើងករវែកទៅស្លៀ
kumisaappaat

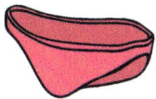

ខោទ្រនាប់បុរស
alushousut

អាវទ្រនាប់
rintaliivit

អាវកាក់
aluspaita

រាងកាយ

body

ខោទារវែង

housut

ខោទាវខ្លីបិយ

farkut

សំពត់

hame

អាវក្រុរទៅ

pusero

អាវ

paita

អាវយឺត

villapaita

អាវយឺត

collegepaita

អាវធំ

jakku

អាវក្រុរទៅ

takki

អាវធំ

takki

អាវភ្លៀងវៀង

sadetakki

គុរវៀងតងែ

puku

អាវវែង

mekko

សំលៀកបំពាក់អាពាហ៍ពិពាហ៍

hääpuku

ខោអាវឈុត

puku

រូបភាគគូរី

yöpaita

ឈុតគេង

pyjama

សាវី

shari

កន្សែងដែលជួតកុហាល

päähuivi

ឆ្នួត

turbaani

សុបមុខ

burka

kaftan

kaftaani

abaya

abaya

ឈុតហាលែទឹក

uimapuku

ខោខលី

uimahousut

ខោខលី

shortsit

ឈុតហាត់កីឡា

verkkarit

អាវអេរៀម

esiliina

ស្រោមដៃ

käsineet

ឡឺរេអារ

nappi

វ៉ែនតា

silmälasit

ខ្សដៃ

rannekoru

ខ្សកែ

kaulakoru

ចិញ្ចៀន

sormus

កុរវិល

korvakoru

មួក

pipo

បុរដោប់ពួយអារវក្ររៅ

ripustin

មួក

hattu

ក្រវាត់ក

solmio

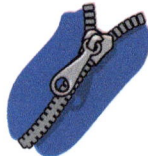

រូត

vetoketju

មួកសុវត្ថិភាព

kypärä

ខ្សវៃ

henkselit

ឯកសណ្ឋានសាលា

koulupuku

ឯកសណ្ឋាន

univormu

អរៀមទារក

ruokalappu

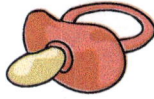

រូបសំណាក

tutti

ខេទ្ទីកនខោម

vaippa

ការិយាល័យ

toimisto

ម៉ាស៊ីនមេ
palvelin

ទូឯកសារ
asiakirjakaappi

ម៉ាស៊ីនបោះពុម្ព
tulostin

ម៉្លនីទ័រ
näyttö

ក្រដាស
paperi

តុការិយាល័យ
kirjoituspöytä

កណ្ដុរ
hiiri

សឺម៍
kansio

ក្ដារចុច
näppäimistö

កន្ត្រកជាក់សំរាមក្រដាស
roskakori

កុំព្យូទ័រ
tietokone

កៅអី
tuoli

កវែកាហ្វេ

kahvimuki

ម៉ាស៊ីនគិតលេខ

taskulaskin

អ៊ីនធឺណិត

internet

កុំព្យូទ័រយួរដៃ

kannettava tietokone

លិខិត

kirje

សារ

viesti

ទូរស័ព្ទដៃ

kännykkä

បណ្ដាញ

verkko

ម៉ាស៊ីនថតចម្លង

kopiokone

សូហ្វវែរ

ohjelmisto

ទូរស័ព្ទ

puhelin

នុគធដ្ឋភោគ

pistorasia

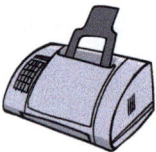

ម៉ាស៊ីនទូរសារ

faksi

ទម្រង់បែបបទ

lomake

ឯកសារ

asiakirja

ទិញ

ostaa

បង្ហូរប្រាក់

maksaa

ធ្វេវេជំនួញ

toimia

លុយ

raha

ប្រាក់ដុល្លារ

dollari

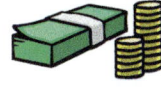

ប្រាក់អឺរ៉ូ

euro

ប្រាក់យ៉េនេ

jeni

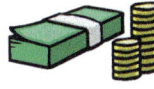

ប្រាក់រូ៉បិល

rupla

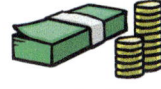

ហ្វ្រង់ស្វីស

frangi

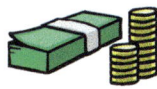

ប្រាក់យ៉ន

renminbi juan

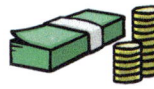

ប្រាក់រូពី

rupia

កន្លែងបូររ៌សាច់ប្រាក់

pankkiautomaatti

ការិយាល័យបុគ្គុរប្រាក់

rahanvaihto

មាស

kulta

ប្រាក់

hopea

ប្រេង

öljy

ថាមពល

energia

តម្លៃ

hinta

កិច្ចសន្យា

sopimus

ពន្ធ

vero

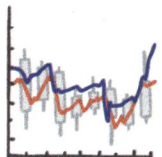

ភាគហ៊ុន

osake

ធ្វើការ

työskennellä

បុគ្គលិក

työntekijä

និយោជក

työnantaja

រោងចក្រ

tehdas

ហាង

liike

មន្ត្រីប៉ូលិស
poliisi

អ្នកពន្លត់អគ្គិភ័យ
palomies

ចុងភៅ
kokki

វេជ្ជបណ្ឌិត
lääkäri

អ្នកបើកយន្តហោះ
lentäjä

អ្នកថែស្វន
puutarhuri

ជាងឈើ
puuseppä

ជាងកាត់ដេរ
ompelija

ចៅក្រម
tuomari

គីមីវិទ្យូ
kemisti

តួកុន
näyttelijä

អ្នកបើកឡានក្រុង

linja-autonkuljettaja

អ្នកបើកតាក់សី

taksinkuljettaja

អ្នកនេសាទ

kalastaja

សុត្ថីអ្នកសមុអាត

siivooja

ជាងដំបូល

katontekijä

អ្នករត់តុ

tarjoilija

អ្នកបរហាញ់សត្វ

metsästäjä

វិចិត្រករ

maalari

អ្នកដុតនំ

leipuri

ជាងអគ្គិសនី

sähköasentaja

ជាងសំណង់

rakentaja

វិស្វករ

insinööri

អ្នកកាប់សាច់

teurastaja

ជាងជួសជុលទុយោរទឹក

putkiasentaja

អ្នករត់សំបុត្រ

postinjakaja

ទាហាន

sotilas

ស្ថាបត្យករ

arkkitehti

បេឡា

kassanhoitaja

អ្នកលក់ផ្កា

floristi

អ្នកអ៊ិតសក់

kampaaja

អ្នកយកលុយ

konduktööri

ជាងម៉ាស៊ីន

mekaanikko

កាព្ទែន

kapteeni

ពទ្យធ្មេញ

hammaslääkäri

អ្នកវិទ្យាសាសុត្រ

tiedemies

គ្រូបង្រៀនច្បាប់សញ្ញាជាតិ
ជ្ឈិហូវ
rabbi

លោកសង្ឃយចាម

imaami

ព្រះសង្ឃយ

munkki

បព្វជិត

pappi

ញញួរ
vasara

ដង្កាប់
pihdit

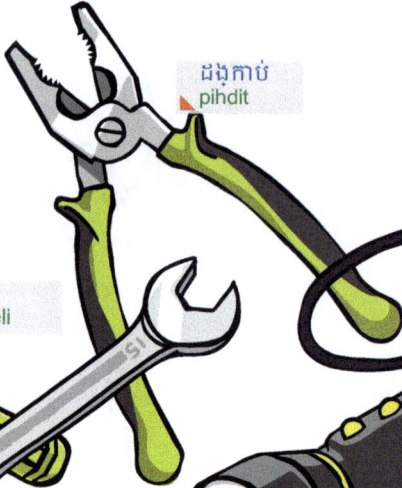

ទួណឺវីស
ruuvimeisseli

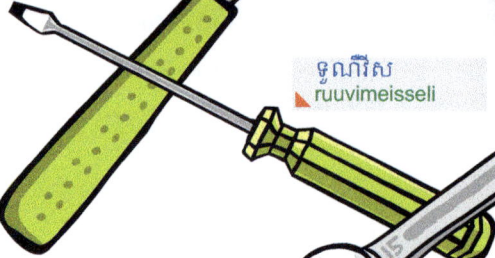
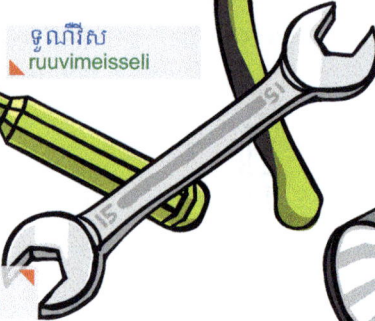

ម៉ាឡ្បគ្រេ
jakoavain

ពិល
taskulamppu

ម៉ាស៊ីនជីក

kaivinkone

បុរអប់ឧបករណ៍

työkalupakki

ជណ្ដើរចៃរ

tikkaat

រណារ

saha

ដកែគពោល

naulat

បុរដោប់ស្វាន

pora

ជួសជុល

korjata

ប៉ែល

lapio

ចង្រៃ!

Hitto!

បុងដាប់ច្នុកធូលី

rikkalapio

ធុងថ្នាំពណ៌

maalipurkki

វីស

ruuvit

ឧបករណ៍តន្ត្រី
soittimet

ឈុតស្គរ
rummut

ឧបករណ៍បំពងសំឡេង
kaiuttimet

ហ្គីតា
kitara

ហាសព័រ
kontrabasso

ត្រែ
trumpetti

ពុយ៉ាណូ

piano

វីយ៉ូឡ្បង

viulu

ហាស

basso

សុតរពាសសុបកែមុយ៉ាង

patarummut

សុតរ

rumpu

យឺបត

kosketinsoitin

សាក់សូហ្វូន

saksofoni

ខុលុយ

huilu

មីក្រូហ្វូន

mikrofoni

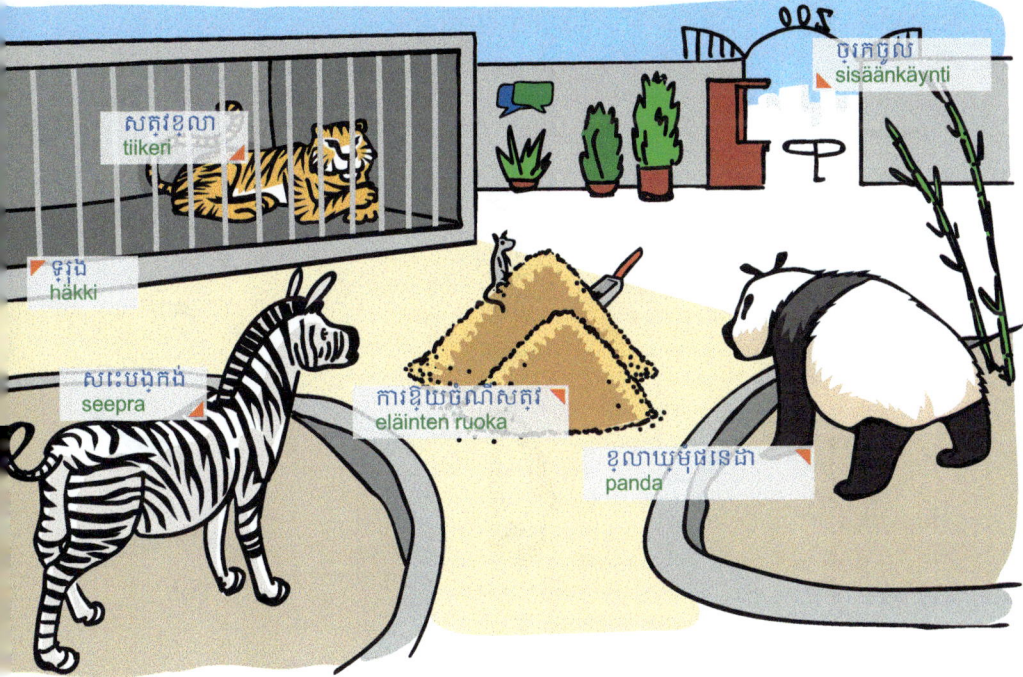

ចូរកចូល\
sisäänkäynti

សត្វខ្លា\
tiikeri

ទូរង\
häkki

សរៈបេឧកង\
seepra

ការខ្ទិយចំណីសត្វ\
eläinten ruoka

ខ្លាឃ្មុំផនេដា\
panda

សត្វ\
eläimet

សត្វដំរី\
norsu

សត្វកង់ហ្គារូ\
kenguru

សត្វរមាស\
sarvikuono

សត្វស្វាហ្គីរីឡ្យា\
gorilla

ខ្លាឃ្មុំពណ៌ត្នោត\
karhu

សត្វអូដ្ឋប

kameli

សត្វអូទ្រីស

strutsi

សត្វតោ

leijona

ស្វា

apina

សត្វករវៀល

flamingo

សកែ

papukaija

ខ្លាឃ្មុំតំបន់ប៉ូល

jääkarhu

ជនេប៉ូរីន

pingviini

ត្រីឆ្លាម

hai

ក្ងោក

riikinkukko

សត្វពស់

käärme

ក្រពើ

krokotiili

អ្នករក្សាសួនសត្វ

eläintarhanhoitaja

ឆ្មាទឹក

hylje

ខ្លារខិនមយ៉ាង

jaguaari

កូនសរះ

poni

ខ្លារខិន

leopardi

សត្វរំរីទឹក

virtahepo

សត្វរកវែង

kirahvi

ផនទូរី

kotka

ជ្រូក

villisika

គូរី

kala

អណ្ដើកទឹក

kilpikonna

លោមមចុ

valas

កញ្ជ្រោង

kettu

ក្ដាន់

gaselli

កីឡាហាល់ទាត់អាមេរិក
amerikkalainen jalkapallo

ការបុរណរាំងកង់
pyöräily

កីឡាថឺនេស
tennis

កីឡាហាល់បបោះ
koripallo

កីឡាហាលេទឹក
uinti

កីឡាបុរដាល
nyrkkeily

កីឡាវាយគ្ននហាល់ៈ
jääkiekko

កីឡាហាល់ទាត់

jalkapallo

កីឡាវាយសី

sulkapallo

អត្តុតពលកម្ម

yleisurheilu

កីឡាហាល់កាន់

käsipallo

ការជិៈសុតី

hiihto

ប៉ូឡូ

poolo

លោត / hypätä

ឱប / halata

សរើច / nauraa

ដើរ / kävellä

ច្រៀង / laulaa

សុបិន្ត / unelmoida

អធិស្ឋាន / rukoilla

ថើប / suudella

សរសេរ

kirjoittaa

គូរ

piirtää

បង្ហាញ

näyttää

រុញ

työntää

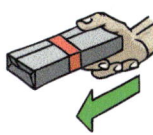

ឲ្យ

antaa

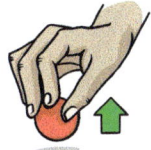

យក

ottaa

មាន

omistaa

ធ្វើរើ

tehdä

គឺ

olla

ឈរ

seistä

រត់

juosta

ទាញ

vetää

បោះ

heittää

ធ្លាក់

kaatua

កុហក

maata

រង់ចាំ

odottaa

យូរ

kantaa

អង្គុយ

istua

សុលៀកពាក់

pukeutua

ដេក

nukkua

ភ្ញាក់ឡ្បេ់ង

herätä

មេើល

katsoa

យ៉ំ

itkeä

គូសវាស

silittää

សិតសក់

kammata

និយាយ

puhua

យល់

ymmärtää

សួរ

kysyä

ស្ដាប់

kuulla

ផឹក

juoda

បរិភោគ

syödä

សម្អាត

siivota

ស្រឡាញ់

rakastaa

ចម្អិន

keittää

បើកបរ

ajaa

ហោះ

lentää

ចតែទូក

purjehtia

គណនា

laskea

អាន

lukea

រៀន

oppia

ធ្វើការ

työskennellä

រៀបការ

mennä naimisiin

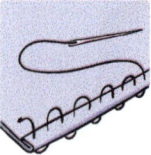

ដេរ

ommella

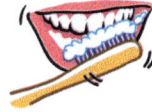

ដុសធ្មេញ

pestä hampaat

សម្លាប់

tappaa

ជក់

tupakoida

ផ្ញើ

lähettää

ជីដូន
mummo

ជីតា
ukki

ខ្ញុំពុក
isä

មុតាយ
äiti

ទារក
vauva

កូនស្រី
tytär

កូនបុ្រស
poika

ភ្ញៀ្យវ

vieras

មីង

täti

ពុ

setä

បងប្អូនបុ្រស

veli

បងប្អូនស្រី

sisko

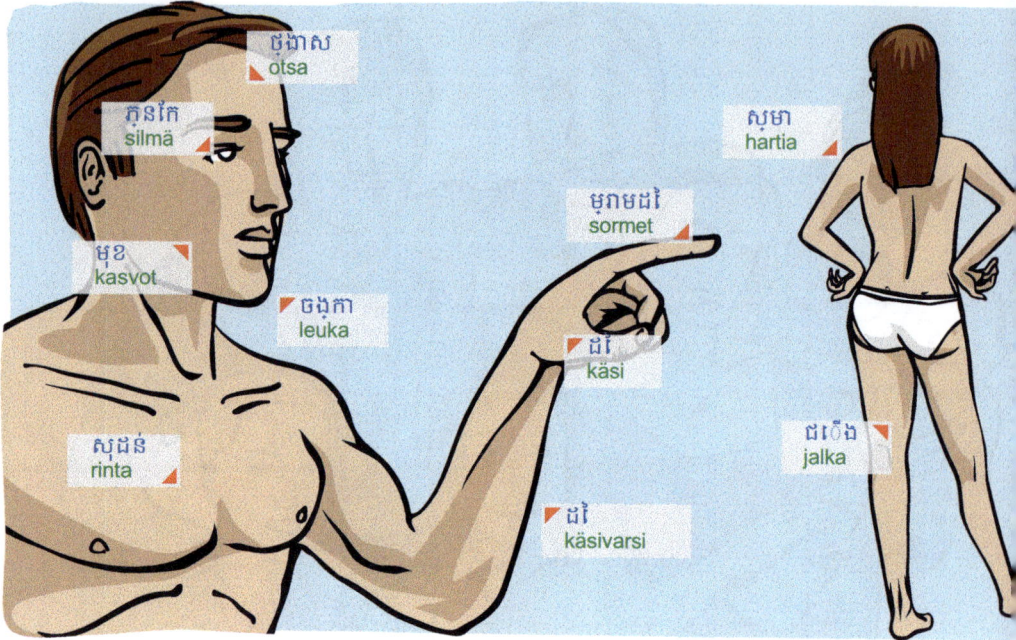

ថ្ងាស
otsa

ក្នុនភ្នែក
silmä

មុខ
kasvot

ចង្កា
leuka

សុដន់
rinta

មួកមដៃ
sormet

ដៃ
käsi

ដៃ
käsivarsi

សុមា
hartia

ជើង
jalka

ទារក
vauva

បុរស
mies

សុត្រី
nainen

កុមងេស្រី
tyttö

កុមងេបុរស
poika

កុបាល
pää

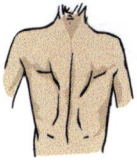

ខ្នង

selkä

ពពោះ

maha

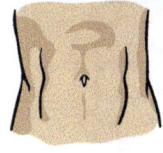

ផ្ចិត

napa

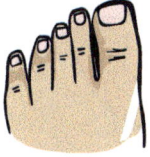

ម្រាមជើង

varvas

កែងជើង

kantapää

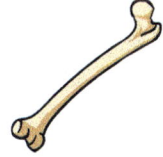

ឆ្អឹង

luu

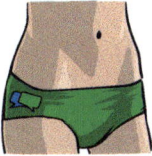

គ្រគាក

lantio

ជង្គង់

polvi

កែងដៃ

kyynärpää

ច្រមុះ

nenä

គូទ

takapuoli

ស្បែក

iho

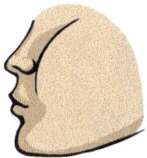

ថ្ពាល់

poski

ត្រចៀក

korva

បបូរមាត់

huuli

មាត់

suu

ធ្មេញ

hammas

អណ្ដាត

kieli

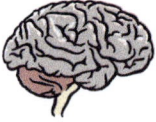

ខួរក្បាល

aivot

បេះដូង

sydän

សាច់ដុំ

lihas

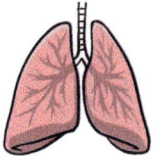

សួត

keuhkot

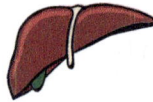

ថ្លើម

maksa

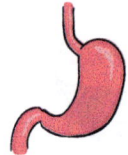

ក្រពះ

vatsa

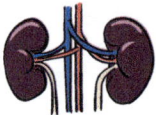

តម្រងនោម

munuaiset

ការរួមភេទ

yhdyntä

ស្រោមអនាម័យ

kondomi

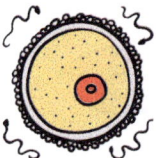

អូវុល

munasolu

ទឹកកាម

sperma

ការមានផ្ទៃពោះ

raskaus

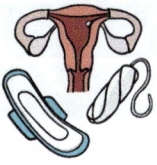

មកដ្បូរ

kuukautiset

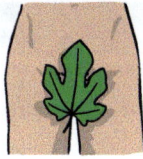

ទ្វាមេាស

vagina

លិង្គ

penis

ចិញ្ចើមភ្នែម

kulmakarvat

សក់

hiukset

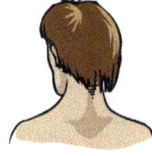

ក

kurkku

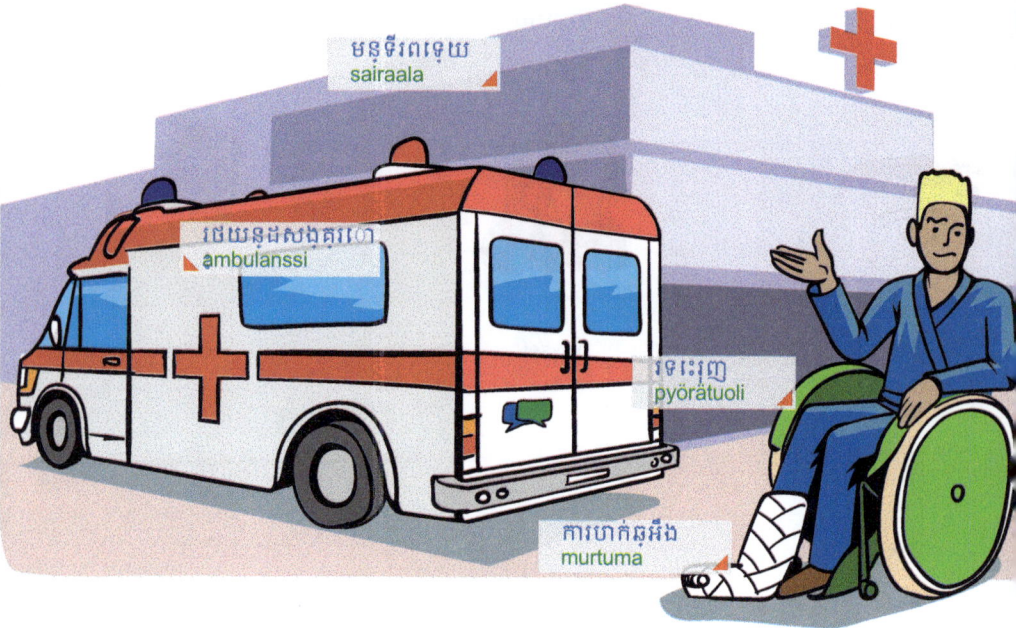

មន្ទីរពេទ្យ
sairaala

ឡានយន្តសង្គ្រោះបន្ទាន់
ambulanssi

រទេះរុញ
pyörätuoli

ការបាក់ឆ្អឹង
murtuma

វេជ្ជបណ្ឌិត

lääkäri

បឋមទប់សង្គ្រោះបន្ទាន់

ensiapu

គិលានុបដ្ឋាយិកា

sairaanhoitaja

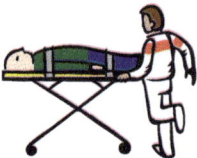

សង្គ្រោះបន្ទាន់

hätätilanne

សន្លប់

tajuton

ការឈឺចាប់

kipu

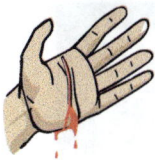

ការរងរបួស

vahinko

ការហូរឈាម

verenvuoto

គាំងបេះដូង

sydänkohtaus

ជំងឺដាច់សរសៃឈាមក្នុងក្បាល

aivoinfarkti

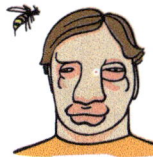

អាលែកហ្ស៊ី

allergia

ក្អក

yskä

ជំងឺគ្រុន

kuume

ជំងឺផ្តាសាយ

flunssa

ជំងឺរាគរូស

ripuli

ឈឺក្បាល

päänsärky

ជំងឺមហារីក

syöpä

ជំងឺទឹកនោមផ្អែម

diabetes

គ្រូពេទ្យវះកាត់

kirurgi

កាំបិតវះកាត់

veitsi

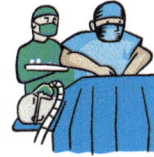

បុរគិបគុងការ

leikkaus

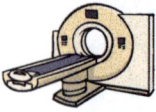

CT

ct

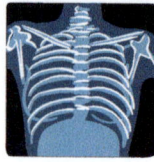

កាំរស្មីអ៊ិច

röntgen

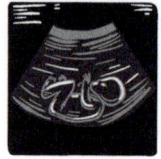

អេកូ

ultraääni

របាំងមុខ

maski

ដំងឺ

sairaus

រង់ចាំបន្ទប់

odotushuone

ឈើច្រត់

sauva

មុនាងសិលា

laastari

បង់រុំ

side

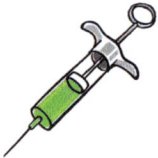

ការចាក់ថ្នាំ

pistos

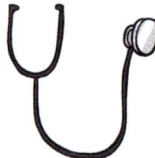

ស្តេតូ

stetoskooppi

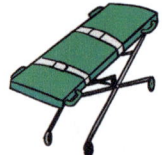

សុនដៃរប្បស

paarit

ទែម៉ូម៉ែត្រពេទ្យពយាហាល

kuumemittari

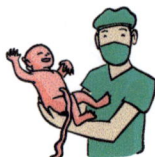

កំណើត

syntymä

ឈើសទម្ងន់

ylipaino

បរិករណ៍ជំនួយការស្ដាប់

kuulolaite

សារធាតុសម្លាប់មេរោគ

desinfiointiaine

ការឆ្លងមេរោគ

infektio

មេរោគ

virus

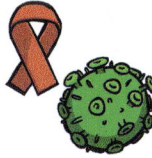

មេរោគអេដស៍ / ជំងឺអេដស៍

HIV / AIDS

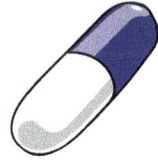

ថ្នាំពេទ្យ

lääke

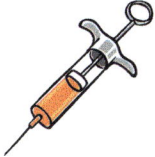

ការចាក់ថ្នាំបង្ការ

rokotus

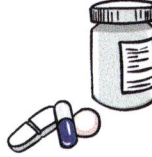

ថប្បលិត

tabletit

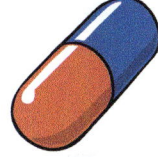

ថ្នាំគ្រាប់

pilleri

ការហៅទៅពេលអាសន្ន

hätäpuhelu

ឧបករណ៍ពិនិត្យសម្ពាធឈាម

verenpainemittari

ឈឺ / មានសុខភាពល្អ

sairas / terve

ជំនួយ!

Apua!

សំឡេងរោទ៍

hälytys

ការវាយលុក

ryöstö

ការវាយប្រហារ

hyökkäys

គ្រោះថ្នាក់

vaara

ច្រកចេញគ្រោះអាសន្ន

hätäuloskäynti

អគ្គីភ័យ!

Tulipalo!

បំពង់ពន្លត់អគ្គិភ័យ

palosammutin

គ្រោះថ្នាក់

onnettomuus

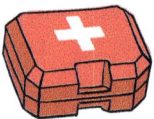

ឧបករណ៍ជំនួយបឋម

ensiapulaukku

SOS

SOS

ប៉ូលិស

poliisilaitos

អឺរុប

Eurooppa

អាមេរិកខាងជើង

Pohjois-Amerikka

អាមេរិកខាងត្បូង

Etelä-Amerikka

អាហ្វ្រិក

Afrikka

អាស៊ី

Aasia

អូស្ត្រាលី

Australia

អាត្លង់ទិច

Atlantin valtameri

ប៉ាស៊ីហ្វិក

Tyynimeri

មហាសមុទ្រឥណ្ឌា

Intian valtameri

មហាសមុទ្រអង់តាក់ទិច

Eteläinen jäämeri

មហាសមុទ្រអាកទិច

Pohjoinen jäämeri

ប៉ូលខាងជើង

pohjoisnapa

ប៉ូលខាងត្បូង

etelänapa

អង់តាក់ទិក

Antarktis

ផែនដី

maa

ដីគោក

maa

សមុទ្រ

meri

កោះ

saari

បុរទេសជាតិ

kansallisuus

រដ្ឋ

osavaltio

មុខនាឡិកា

kellotaulu

ទ្រនិចម៉ោង

tuntiviisari

ទ្រនិចនាទី

minuuttiviisari

ទ្រនិចវិនាទី

sekuntiviisari

ម៉ោងប៉ុន្មាន?

Paljonko kello on?

ថ្ងៃ

päivä

ពេលវេលា

aika

ឥឡូវនេះ

nyt

នាឡិកាឌីជីថល

digitaalikello

នាទី

minuutti

ម៉ោង

tunti

សប្តាហ៍

viikko

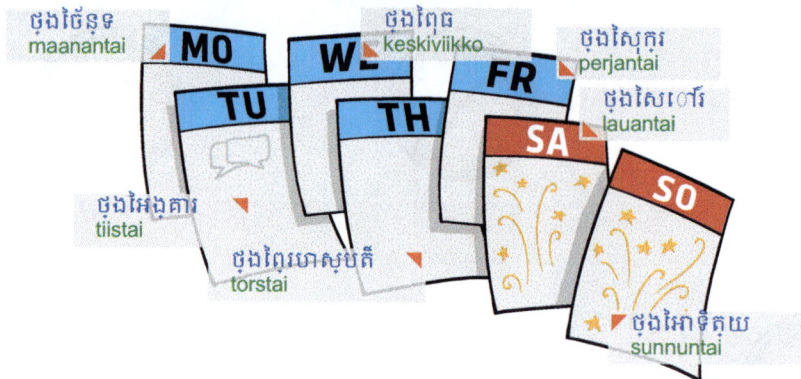

ច្ងចៃន្ទ
maanantai

ច្ងព្រេច
keskiviikko

ច្ងសុក្រ
perjantai

ច្ងសៅរ៍
lauantai

ច្ងអង្គារ
tiistai

ច្ងព្រហស្បតិ៍
torstai

ច្ងអាទិត្យ
sunnuntai

មុសិលមិញ

eilen

ច្ងនេះ

tänään

ច្ងស្អែកកៃ

huomenna

ព្រឹក

aamu

ច្ងត្រង់

keskipäivä

ល្ងាច

ilta

ច្ងថ្ងៃរ៉េការ

työpäivät

ច្ងសប្តាហ៍

viikonloppu

ទឹកភ្លៀងរៀង
sade

ផ្នូធនូ
sateenkaari

ខ្យល់
tuuli

ព្រិល
lumi

និទាឃរដូវ
kevät

រដូវក្តៅ
kesä

រដូវស្លឹកឈើជ្រុះ
syksy

រដូវរងារ
talvi

4.APRIL	11°	
5.APRIL	4°	
6.APRIL	13°	
7.APRIL	8°	
8.APRIL	10°	

ការព្យាករណ៍អាកាសធាតុ
sääennuste

ទែម៉ូម៉ែត្រ
lämpömittari

ពន្លឺថ្ងៃ
auringonpaiste

ពពក
pilvi

អ័ព្ទ
sumu

សំណើម
ilmankosteus

រន្ទះ
salama

ផ្គរ
ukkonen

ព្យុះ
myrsky

ភ្លៀង
rae

ខ្យល់មូសុង
monsuuni

ទឹកជំនន់
tulva

ទឹកកក
jää

ខែមករា
tammikuu

ខែកុម្ភៈ
helmikuu

ខែមីនា
maaliskuu

ខែមេសា
huhtikuu

ខែឧសភា
toukokuu

ខែមិថុនា
kesäkuu

ខែកក្កដា
heinäkuu

ខែសីហា
elokuu

ខែកញ្ញា

syyskuu

ខែតុលា

lokakuu

ខែវិច្ឆិកា

marraskuu

ខែធ្នូ

joulukuu

រាង

muodot

រង្វង់

ympyrä

ការ៉េ

neliö

ចតុកោណកែង

suorakulmio

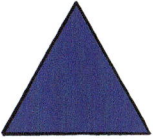

ត្រីកោណ

kolmio

ស៊្វែរ

pallo

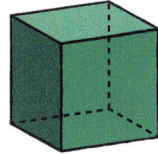

គូប

kuutio

ពណ៌ស

valkoinen

ពណ៌លឿង

keltainen

ពណ៌ទឹកក្រូច

oranssi

ពណ៌ផ្កាឈូក

vaaleanpunainen

ពណ៌ក្រហម

punainen

ពណ៌ស្វាយ

violetti

ពណ៌ខៀវ

sininen

ពណ៌បៃតង

vihreä

ពណ៌ទឹកក្រូច

ruskea

ពណ៌ប្រផេះ

harmaa

ពណ៌ខ្មៅ

musta

ចុះរេន / តិចតួច
paljon / vähän

ខឹង / គួរជាក់ចិត្ត
raivostunut / rauhallinen

សុរស់សុអាត / អាក្រក់
kaunis / ruma

ចាប់ផ្តគេីម / បញ្ចប់
alku / loppu

ធំ / គូច
suuri / pieni

ភុលី / ងងឹត
vaalea / tumma

បុអូនបុរស / បងបុអូនស្រី
veli / sisko

សុអាត / កខូវ៉ក់
puhdas / likainen

ពេញលេញ / មិនពេញលេញ
täydellinen / epätäydellinen

ថ្ងៃ / យប់
päivä / yö

សុលាប់ / នៅរស់
kuollut / elävä

ធំទូលាយ / គូចចង្អៀត
leveä / kapea

អាចបរិភោគបានហាន /
មិនអាចបរិភោគបានហាន
syötävä / pilaantunut

ចិត្តអាក្រក់ / ចិត្តល្អ
vihainen / ystävällinen

ការវិភេបើប / អផ្សុក
innostunut / tylsistynyt

ធាត់ / សុគម
lihava / laiha

ដំបូង / ចុងក្រោយ
ensimmäinen / viimeinen

មិត្តភក្តិ / សត្រូវ
ystävä / vihollinen

ពេញ / ទទេ
täysi / tyhjä

រឹង / ទន់
kova / pehmeä

ធ្ងន់ / ស្រាល
painava / kevyt

ភាពអត់យុឃលាន /
ការស្រេករកយុឃលាន
nälkä / jano

ឈឺ / មានសុខភាពល្អ
sairas / terve

ឧសចុហាប់ / គួរួចុហាប់
laiton / laillinen

ឆ្លាតវៃ / ឆ្កូត
älykäs / tyhmä

ឆ្វេង / ស្តាំ
vasen / oikea

ជិត / ឆ្ងាយ
lähellä / kaukana

ផុងមី / ហានបុរុវេ៎

uusi / käytetty

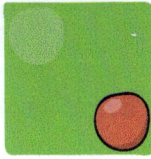

គុមានអ្វីសោះ / អ្វីម្ួយ

ei mitään / jotain

ចាស់ / ក្មេង

vanha / nuori

បេ៎ក / បិទ

päällä / pois päältä

បេ៎ក / បិទ

auki / kiinni

ស្ងប់ស្ងាត់ / ញុខលាំង

hiljainen / äänekäs

មាន / ក្ដ

rikas / köyhä

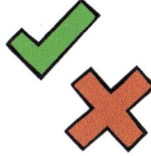

ត្ូរ / ខុស

oikein / väärin

គ្ុរវេ៎ម / លេហេង

karhea / sileä

រាកចិត្ដ / សប្ុហាយចិត្ដ

surullinen / iloinen

ខ្លី / វែង

lyhyt / pitkä

យ៎ត / លឿ្ៀន

hidas / nopea

សេ៎ម / ស្ងួត

märkä / kuiva

កុតៅ / គ្ុរជាក់

lämmin / viileä

សង្ុគ្ាម / សន្ដិភាព

sota / rauha

0

សូន្យ

nolla

1

មួយ

yksi

2

ពីរ

kaksi

3

បី

kolme

4

បួន

neljä

5

ប្រាំ

viisi

6

ប្រាំមួយ

kuusi

7

ប្រាំពីរ

seitsemän

8

ប្រាំបី

kahdeksan

9

ប្រាំបួន

yhdeksän

10

ដប់

kymmenen

11

ដប់មួយ

yksitoista

12

ដប់ពីរ

kaksitoista

13

ដប់បី

kolmetoista

14

ដប់បួន

neljätoista

15

ដប់ប្រាំ

viisitoista

16

ដប់ប្រាំមួយ

kuusitoista

17

ដប់ប្រាំពីរ

seitsemäntoista

18

ដប់ប្រាំបី

kahdeksantoista

19

ដប់ប្រាំបួន

yhdeksäntoista

20

ម្ភៃ

kaksikymmentä

100

រយ

sata

1.000

ពាន់

tuhat

1.000.000

លាន

miljoona

អង់គ្លេស

englanti

អង់គ្លេសអាមេរិក

amerikanenglanti

ចិនកុកងឺ

mandariinikiina

ហិណ្ឌូ

hindi

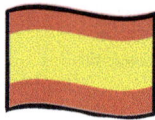

អេស្ប៉ាញ

espanja

ហារាំង

ranska

អារ៉ាប់

arabia

រុស្សី

venäjä

ព័រទុយហ្គាល់

portugali

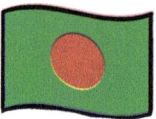

បង់ក្លាដែស

bengali

អាល្លឺម៉ង់

saksa

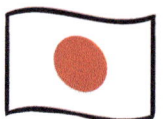

ជប៉ុន

japani

ខ្ញុំ

minä

អ្នក

sinä

គាត់ / នាង / វា

hän

យពើង

me

អ្នក

te

ពួកគហេន

he

នរណា?

kuka?

អ្វី?

mitä / mikä?

របៀបណា?

miten?

កន្លែងណា?

missä?

ពេលណា?

milloin?

ឈ្មោះ

nimi

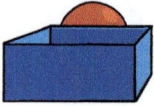

ពីក្រោយ

takana

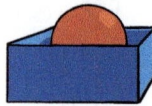

ក្នុង

sisällä

ពីមុខ

edessä

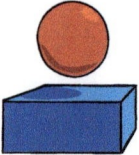

ពីលើ

yläpuolella

នៅលើ

päällä

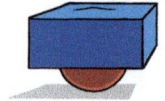

នៅក្រោម

alapuolella

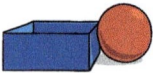

នៅក្បែរ

vieressä

រវាង

välissä

កន្លែង

paikka